66일, 마음 성장 기록

매일 조금씩 마음은 자란다

66일, 마음 성장 기록

매일 조금씩 마음은 자란다

이은빈 저

학지사

책을 열며

마음을 심는 시간
——『66일, 마음 성장 기록: 매일 조금씩 마음은 자란다』

우리는 언제부터 '나를 돌보는 일'이 가장 마지막 순서가 되었을까요?
하루를 마무리한 뒤, 해야 할 일들을 모두 끝내고 나서야 겨우
나에게 눈을 돌리곤 합니다.

다른 사람을 챙기고, 세상의 속도를 따라가느라 정작 가장 가까운
'나'의 마음은 뒤로 밀려나기 일쑤입니다.

하지만 마음은 끊임없이 이야기합니다.

조금은 더 단단해지고 싶다고, 덜 흔들리고 싶다고,
지금의 나를 이해하며 성장하고 싶은데,
너무 오래 미루어 왔다고 말이죠.

『66일, 마음 성장 기록』은 그런 마음에서 시작된 책입니다.
이 책은 단순히 심리학 지식을 읽는 책도,
감정을 그저 쏟아 내기만 하는 일기장도 아닙니다.
매일의 기록 속에서 마음을 바라보고, 습관처럼 돌보며,
마음의 씨앗이 나무로 자라나는 과정을 함께하는

실천형 심리 워크북입니다.

심리학 연구에 따르면 하나의 습관이 삶에 자리 잡기까지
평균 66일이 걸린다고 합니다.
그 시간 동안 어떤 반복을 선택하느냐가 결국
나의 마음을 어떤 방향으로 키워 갈지를 결정합니다.
『66일, 마음 성장 기록』은 하루하루 작은 질문을 건네며,
기록과 성찰을 통해 마음의 뿌리를 가꾸는 여정을 안내합니다.

그렇다면 우리는 어디에서부터 시작해야 할까요?
심리학자 매슬로(Maslow)는 사람이 살아가기 위해 필요한
심리적 기반으로 다섯 가지 욕구를 제시했습니다.
생리적 욕구, 안전, 소속감, 존중감, 자기실현.

이 다섯 가지는 사람의 마음이 어떻게 움직이고,
어떤 결핍에서 흔들리며,
어떤 충족 속에서 자라는지를 보여 줍니다.
가장 기초적인 생리적 욕구는 나무의 뿌리처럼 삶을 지탱하고,
가장 상위 욕구인 자기실현은 나무의 열매처럼
삶의 의미를 향해 자라는 방향과도 같습니다.

우리는 이 다섯 가지 욕구를 하나의 나무처럼 바라볼 수 있습니다.
각기 다른 시기, 서로 다른 방식으로 나타나는
이 욕구들을 살핀다는 것은

지금의 내가 어떤 뿌리를 가지고 있으며,

어떠한 열매를 향해 자라가고 싶은지를 알아차리는 일이기도 합니다.

『66일, 마음 성장 기록』은 이 다섯 가지 욕구를 따라가며

매일 나에게 작은 질문을 건넵니다.

오늘 나는 나를 어떻게 돌보았는가.

나는 지금 누구와 연결되어 있었는가.

나는 오늘 무엇에 감사했는가.

이 질문들은 우리의 감정과 생각을 정리하게 하고,

정리는 기록이 됩니다.

기록은 반복이 되고,

반복은 어느새 나만의 리듬이자 정체성이 됩니다.

이 과정은 단순한 행동 교정이 아니라

나의 정체성을 다시 설계하는 일이기도 합니다.

우리는 고유한 결을 가진 하나의 나무처럼 자랍니다.

삶의 경험, 감정, 관계, 고요했던 날들, 눈물 흘렸던 밤들 —

그 모든 것이 당신 안의 결로 새겨집니다.

그리고 그 결은 지나온 하루들을

나만의 뿌리로 바꾸는 길이 되기도 합니다.

『66일, 마음 성장 기록』은 그런 책입니다.

다섯 가지 욕구를 따라 나를 들여다보는 심리학적 실천북,

매일 하나의 질문으로 나의 결을 알아차리게 하는 정서 훈련,
기록과 반복을 통해 정체성을 실천하게 하는 자기이해의 과정.
나만의 나무를 돌보고, 지문을 새기듯 나다움을 발견하게 하는 책.

66일 뒤, 당신은 조금 더 단단해졌을지도 모르고,
조금 더 고요하게 자신을 이해하고 있을지도 모릅니다.
혹은 여전히 질문하고 있을 수도 있습니다.

그러나 한 가지는 분명합니다.
당신은 스스로를 잊지 않기 위해 매일 마음을 들여다보았을 것입니다.
그 반복이 당신을 당신답게 자라나게 할 것입니다.

지금, 당신의 마음에 작은 씨앗을 심어 주세요.
『66일, 마음 성장 기록』은 그 씨앗에서 시작됩니다.

이은빈 드림

차례

INTERLUDE.
지식에서 삶으로 _____ 욕구를 따라 나를 기록하는 법

01
나를 이루는 결, 정체성

"나무처럼 자라고
지문처럼 살아가는 삶"

삶 위에 새겨진 지문 같은 정체성

우리는 매일 자라고 있습니다. 눈에 잘 보이지 않는 방식으로, 말로 다 표현할 수 없는 시간의 결을 따라 성장하고 있습니다. 어떤 날은 눈물을 삼키며 견디고, 어떤 날은 애써 웃으며 하루를 보내기로 했지요. 그 시간들은 어느덧 마음속 어딘가에 켜켜이 쌓여 하나의 무늬가 됩니다. 그 무늬는 마치 나무의 나이테처럼 얇지만 분명하게 삶의 흔적을 기록합니다.

누군가는 알아차리지 못할 만큼 섬세한 무늬일지라도 그것이 나만의 삶의 결이라는 사실은 내가 가장 잘 알고 있습니다. 같은 계절을 지나고, 비슷한 사건을 겪더라도 그 안을 살아 낸 감정, 해석, 태도는 각자 다르기에 나만의 무늬는 오직 나에게서만 만들어집니다.

심리학에서는 이러한 과정을 '정체성(identity)'의 형성이라고 부릅니다. 정체성이란 단지 "나는 누구인가"를 정의하는 것이 아니라, "나는 지금 누구로 살고 있는가"를 매일 '선택'해 가는 과정이기도 합니다. 이때 중요한 심리학 개념 중 하나가 '자기 동일성(self-continuity)'입니다. 이는 에릭 에릭슨(Erik Erikson)이 강조한 정체성 이론의 핵심 개념이기도 합니다. 과거의 나와 지금의 나, 그리고 앞으로의 내가 서로 끊기지 않고 이어져 있다는 감각입니다. 이 감각은 삶이 흔들릴 때 중심을 잡아 주는 심리적 지지대가 되어 줍니다.

우리는 종종 '나는 누구인가'라는 질문에 단 하나의 정의로 답을 내리려 합니다. 하지만 실제 삶에서의 정체성은 고정된 문장이 아니라, 시간과 경험을 따라 서서히 쓰여지는 이야기입니다. 그 이야기는 하루하루의 감정, 선택, 실천이 반복되며 만들어집니다. 그리고 그 반복은 결국 '나만의 결'을 이루어 갑니다. 마치 나무의 나이테가 해마다 조금씩 겹을 더하듯, 사람의 존재도 반복되는 일상 속에서 자신만의 무늬를 새겨 갑니다. 즉, 정체성은 고정된 실체가 아니라 살아 있는 흐름이라고 생각할 수도 있습니다.

최근 심리학에서는 '내러티브 정체성(narrative identity)'이라는 개념도 강조합니다. 댄 맥아담스(Dan P. McAdams)는 인간이 자신의 삶을 하나의 이야기로 조직하고 해석함으로써 정체성을 구성한다고 보았습니다. 사람은 자신의 경험을 하나의 이야기로 엮으며 자신을 이해합니다. 기억, 선택, 고통, 기쁨 — 이 모든 것이 어떤 방식으로 연결되느냐에 따라 자신에 대한 해석은 매일 새롭게 쓰여집니다. 또한, 실천 기반 정체성(practiced identity)은 자주 하는 행동과 태도를 통해 자아를 형성해 나가는 과정을 설명합니다.

이 세 관점은 모두 정체성이란 "나는 누구인가"를 증명하는 것이 아니라, "나는 어떤 사람으로 살아가고 있는가"를 묻는 실천이라는 점을 강조합니다.

'나만의 결'을 알아가는 이야기

『66일, 마음 성장 기록』은 바로 이 이야기를 다시 나 자신에게 써 내려가는 시간입니다. 내가 어떤 사람으로 살아가고 싶은지, 지금 내 안에는 어떤 시간들이 쌓여 있는지를 하나씩 들여다보는 연습입니다. 정체성은 이미 완성된 자아가 아닙니다. 스스로를 이해하고, 삶의 방향을 조금씩 조정해 나아가는 살아 있는 이야기입니다.

나무는 그런 삶의 리듬과 결을 상징합니다. 그 결을 알아차리는 능력은 자신을 보다 안정적으로 이해하고 돌보게 만드는 힘이 됩니다. 겹쳐진 지문은 그 리듬이 누구의 것도 아닌 오직 나만의 것임을 말해 줍니다. 당신의 정체성은 당신이 매일 쓰는 하루하루의 선택으로 이루어집니다. 이 책은 그 하루하루를 흘러가게 두지 않고, 스스로 의미 있게 새겨 나가도록 돕기 위한 심리적 장치입니다.

『66일, 마음 성장 기록』은 하루의 감정, 생각, 감사, 실천을 기록하며 정체성을 조금씩 되짚어보는 여정입니다. 그 기록이 이어질수록 삶은 더 단단한 뿌리를 가지게 되고, 그 뿌리는 흔들릴 때마다 다시 나에게 돌아갈 수 있도록 해 줍니다. 정체성은 완성해야 하는 목표가 아닙니다. 살아 있는 이야기이며, 지금 이 순간에도 쓰여지고 있는 나의 문장입니다. 지나간 하루를 무심코 흘려보내는 대신 잠시 멈춰 질문하고, 기록하고, 되돌아보는 이 반복은 나를 나로 만들어 주는 리듬이 됩니다.

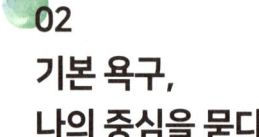

02
기본 욕구,
나의 중심을 묻다

" 인간을 지탱하는
심리적 기반 "

－기본적인 것을 다시 바라보다

다섯 가지 욕구를 하나씩 들여다보는 일의 의미

우리는 종종 너무 멀리 있는 것에 집중하느라 지금 이 순간의 나를 놓치곤 합니다. 더 잘해야 한다, 더 이루어야 한다는 마음은 이미 충분히 애쓰고 있는 자신조차 알아차리지 못하게 만들기도 하지요.

그럴 때일수록 우리는 '기본적인 것들'로 돌아갈 필요가 있습니다. 심리학자 에이브러햄 매슬로(Abraham Maslow)는 사람의 마음과 행동이 단순히 개인의 의지나 성격만으로 설명되지 않는다고 보았습니다. 그보다는 인간을 움직이게 하는 내면의 '욕구'가 어떻게 충족되고 있는지가 삶의 만족도와 정서적 안정, 궁극적으로는 자기실현에 큰 영향을 미친다고 말했습니다.

인간은 누구나 어떤 방향으로든 나아가고 싶어 합니다. 그 동기에는 단순한 목표 이상의 것이 담겨 있습니다. 매슬로는 인간의 가장 기본적인 욕구를 다섯 가지로 설명합니다. 이 다섯 가지 욕구들은 단순한 나열이 아닌, 서로 유기적으로 연결되어 하나의 '심리 생태계'를 이루게 됩니다. 우리는 인간의 가장 기초적인 생리적 욕구부터 최상위 욕구에 해당하는 자기실현의 욕구 순으로 인간의 욕구를 살펴볼 수 있습니다.

첫째는 생리적 욕구입니다. 우리가 살아가기 위해 반드시 충족해야 하는 가장 기초적인 욕구입니다. 배가 고프면 집중이 안 되고, 잠을 제대로 못 자면 아무것도 하기 싫어집니다. 건강, 수면, 음식, 휴식처럼 생존을 위한 조건들이 여기에 해당됩니다.

둘째는 안전의 욕구입니다. 신체적으로 위험하지 않은 환경, 예측 가능한 미래, 신뢰할 수 있는 삶의 기반은 우리가 하루하루를 안심하고 살아가기 위한 중요한 요소입니다. 불안정한 상태에 오래 머물게 되면 다른 어떤 목표도 마음속에 들어오지 않기 마련입니다.

셋째는 소속의 욕구입니다. 사람은 혼자서는 살아갈 수 없습니다. 사랑, 우정, 소속감, 정서적 연결 — 우리는 '누군가와 함께'라는 감각 속에서 비로소 안정을 찾습니다. 속할 곳이 있다는 것은 곧 '내가 존재할 이유가 있다'는 느낌을 줍니다.

넷째는 존중의 욕구입니다. 누구나 자신의 가치를 인정받고 싶어 합니다. 타인의 시선에서 오는 존중과 스스로 느끼는 자존감은 우리를 더 나은 방향으로 성장하게 만드는 원동력이 되어 줍니다.

다섯째는 자기실현의 욕구입니다. '나는 누구인가'라는 질문을 던지고, 내 삶의 의미를 찾으며 살아가고 싶은 깊은 열망입니다. 이 욕구는 단지 성공을 넘어서, 나답게 살아가고 싶은 마음과 연결되어 있습니다.

이 다섯 가지 욕구는 계단처럼 위계적으로만 작용하지 않습니다. 오히려 서로 맞물린 생태계처럼 긴밀하게 연결되어 있지요. 어느 하나라도 크게 흔들리면, 나머지 욕구들도 쉽게 무너질 수 있습니다. 그래서 우리는 자신에게 다음과 같은 질문을 자주 던져 볼 필요가 있습니다.

"왜 하나씩 들여다보아야 할까요?"

욕구를 하나씩 따라가는 이유는 각각의 욕구가 삶 속에서 다르게 작용하고, 그때그때 회복이 필요한 지점이 달라지기 때문입니다. 예를 들어, 충분한 수면이나 휴식 없이 자존감을 높이려는 노력을 지속하면 금세 지쳐버리기 쉽습니다. 또는 타인에게 인정받고자 애쓰는 행동이 사실은 소속감의 결핍에서 비롯된 것이라면, 해답은 엉뚱한 방향에서만 맴돌게 됩니다.

하나씩 욕구를 들여다보는 작업은 지금 나는 어디에 머물고 있는지를 마주하는 과정입니다. 불분명했던 마음속 허기를 보다 정확하게 알아차릴 수 있도록 돕습니다.

기본 욕구를 살핀다는 것은 곧 나를 돌보는 일입니다. 각각의 욕구를 돌아보는 행위는 타인을 이해하기 위한 공감이 아니라, 오히려 자신에게 건네는 가장 근본적인 공감의 시작입니다.

다른 사람에게는 쉽게 베풀면서도 정작 나 자신에게는 인색했던 배려를 처음으로 다시 나에게 건네는 시간이기도 합니다. 이 과정을 통해 우리는 지금 나에게 결핍된 것이 무엇인지, 그 결핍을 어떻게 안전하게 채워 나아갈 수 있을지를 하나하나 실험하고 탐색해 볼 수 있습니다.

심리학적으로도 증명된 변화의 시작

『66일, 마음 성장 기록』은 이 다섯 가지 욕구를 각각의 섹션(section)으로 나누어 구성했습니다. 각 섹션에서 내 마음의 초점을 달리 맞춰 보고, 그 안에서 작게 움직이는 자신을 관찰하며 작지만 확실한 회복을 만들어 갈 수 있도록 설계했습니다.

연구에 따르면, 기본적인 욕구가 안정적으로 충족될 때 스트레스 대처 능력, 감정 조절, 대인관계의 질, 자율성, 그리고 전반적인 심리적 웰빙이 향상된다고 합니다. 또한, 정서적 결핍은 인지적 오류를 유발할 수 있다고 합니다. 예컨대, 소속감이 부족할 때는 타인의 말이나 행동을 부정적으로 해석하거나 자신을 과소평가하는 경향이 강해지는 것으로 나타났습니다.

이처럼, 내 안의 욕구를 정직하게 마주하고 조금씩 충족해 나가는 반복은 삶 전체에 안정감과 주체적인 에너지를 만들어 줍니다.

하루에 하나의 질문, 아주 작은 실천이지만 그 반복은 어느 순간 내면의 구조를 바꾸고 정서의 숨결을 다시 불어넣습니다. 그것이 『66일, 마음 성장 기록』이 말하는 심리적 성장의 시작입니다.

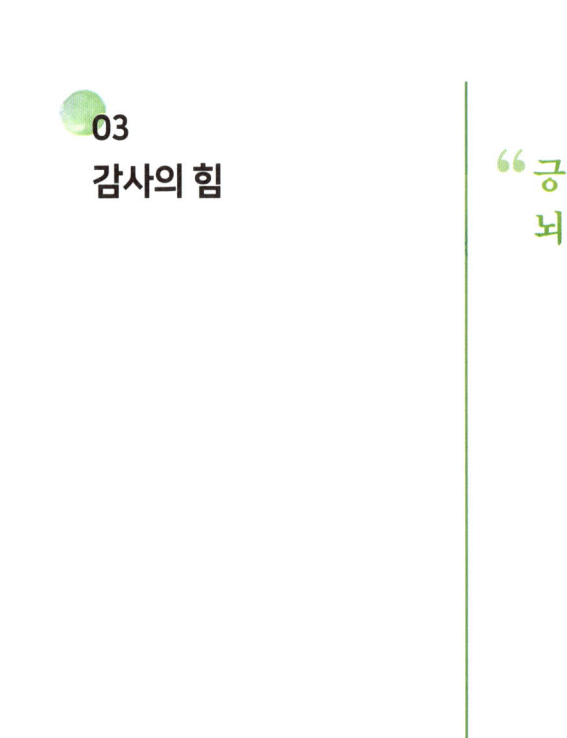

03
감사의 힘

"긍정심리학과
뇌의 편향을 넘는 연습"

뇌의 편향을 넘어 행복에 다가가는 연습

감사는 가장 작지만 강력한 감정 중 하나입니다. 단순한 예의의 표현을 넘어, 삶의 방향을 전환시키는 심리적 자원이 되기도 합니다. 그 이유는 사람의 뇌가 본래 '긍정'보다는 '부정'에 민감하게 설계되어 있기 때문입니다.

심리학에서는 이를 '부정성 편향(Negativity Bias)'이라고 부릅니다. 고대 인류는 생존을 위해 위협을 먼저 감지하고 회피하는 능력이 중요했습니다. 그 결과, 인간의 뇌는 지금도 위험과 손실에 빠르게 반응하고, 긍정적인 자극보다 부정적인 경험을 더 오래 기억하게 되어 있습니다. 그래서 하루 동안 아무 문제가 없던 순간보다 작은 실수 하나나 불쾌한 말 한 마디가 더 오래 마음에 남는 것도 자연스러운 일입니다. 그런 뇌의 편향을 부드럽게 되돌리는 방식이 바로 '감사'입니다.

감사는 뇌를 훈련시킵니다. 감사하는 감정은 뇌의 전두엽을 활성화시키며, 감정 조절, 자기 통제, 낙관적 사고와 같은 기능을 돕습니다. 특히, 긍정적인 감정을 경험할 때 활발하게 작동하는 도파민 회로와 세로토닌 분비를 자극하여 뇌의 정서 처리 방식 자체를 긍정적으로 재구성하는 데 기여합니다. 애먼스(Emmons)와 매컬러(McCullough, 2003)의 연구에 따르면, 감사 일기를 3주 이상 쓴 사람들은 우울감이 낮아지고, 수면의 질이 높아졌으며, 삶의 전반적인 만족도 또한 유의미하게 상승한 것으로 나타났습니다.

감사는 관점의 전환입니다

　감사는 단지 '고마운 일이 있을 때'만 느끼는 감정이 아닙니다. 감사는 '보통의 하루 속에서 무엇에 의미를 부여할 것인지'를 선택하는 태도입니다. 이 선택은 삶의 통제감을 회복하게 하고, 심리적 회복력(resilience)을 강화하는 데 기여합니다. 삶이 완벽해서 감사하는 것이 아니라, 감사하는 연습을 통해 삶을 바라보는 해석의 방식이 달라지기 때문에 효과가 있습니다. 같은 하루라도 어떤 시선으로 기억하느냐에 따라 마음의 결이 바뀝니다. 감사의 시선은 나를 더 유능하고 안정된 존재로 인식하게 하며, 내가 삶을 '잘 살아내고 있다'는 감각을 회복하게 도와줍니다. 이때 느껴지는 작지만 분명한 자신감은 자기 효능감(self-efficacy)을 회복하는 데 긍정적으로 작용합니다.

　감사는 '지금-여기'에 나를 붙잡아 주기도 합니다. 감사를 느끼는 순간, 시선은 '부족한 것'에서 '이미 주어진 것'으로 옮겨갑니다. 이 시선의 전환은, 곧 현재의 나를 회복시키는 정서적 토대가 됩니다. 긍정심리학자 마틴 셀리그먼(Martin Seligman)은 감사를 비롯한 긍정적 감정 훈련이 삶의 의미와 만족도를 높이는 핵심 전략이라고 강조했습니다(Seligman, 2011). 특히, '감사 편지'를 써서 실제로 전달하는 활동이 삶의 만족도를 가장 강력하게 높인다고 보고하기도 했습니다.

　감사는 삶의 방향을 바꾸는 조용한 선택입니다. 지금 이 순간, 그 방향을 따라 나아가다 보면 당신은 점점 더 나다운 결을 따라, 스스로 삶을 만들어가게 될 것입니다.

감사는 회복입니다

감사는 나만을 위한 감정이 아닙니다. 감사 표현은 사회적 연결감 (social connectedness)을 높이고, 타인과의 신뢰와 친밀감을 증진시키는 정서적 접착제 역할을 합니다. 심리학자 알고(Algoe)는 감사를 표현하는 행위 자체가 상대방뿐만 아니라 감사를 표현하는 사람 본인의 행복감도 높인다는 연구 결과를 제시했습니다(Algoe, 2012). 또한 감사를 자주 표현하는 사람은 스스로를 더 선한 존재로 인식하게 되고, 그 과정에서 자기존중감(self-respect) 역시 회복된다고 알려져 있습니다.

하루를 살아내는 일이 벅찰 때, 우리는 무언가를 '감사한다'는 감정에 쉽게 닿지 못할 수도 있습니다. 하지만 감사는 거창한 감정이 아니라, 삶을 다시 바라보게 만드는 작고 조용한 '시선의 전환'일지도 모릅니다.

"그래도 오늘, 누군가의 말 덕분에 잠깐 웃었지."
"오늘따라 하늘이 맑아서, 기분이 조금 괜찮았어."

이처럼 작고 사소한 감정들을 붙잡는 순간, 우리의 마음은 한결 가벼워집니다. 감정적 상승 효과(emotional uplift)는 바로 이런 변화에서 시작됩니다. 하나의 긍정 감정이 또 다른 긍정 감정을 불러오며, 흔들렸던 마음을 다시 천천히 일으켜 세우는 힘이 됩니다.

감사를 느끼는 순간, 기쁨이나 평안, 안정감 같은 감정이 함께 따라옵니다. 그것은 단순히 기분이 좋아지는 일이 아니라, 혼란했던 감정의 방향을 회복 쪽으로 돌리는 심리적 전환점입니다. 그래서 감사는 일상의 회복을 가능하게 하는 작지만 확실한 시작입니다.

『66일, 마음 성장 기록』에서 감사는
나를 다시 보는 훈련입니다

이 책에서의 감사 질문은 작고 단순합니다.

오늘 나를 웃게 했던 일 하나, 나를 편안하게 해 준 순간 하나, 고마운 사람 혹은 사소한 배려 하나. 그러나 이 질문에 대한 답을 반복하다 보면, 하루를 흘려보내는 방식이 아닌, 하루를 의미 있게 '닫는 의식'으로 감사가 자리 잡기 시작합니다. 이러한 일상의 의식은 다음 날을 다시 여는 회복의 문장이 되며, 결국 감정과 뇌를 다시 훈련시켜 줍니다.

매일 감사를 기록할수록 삶은 조금 더 단단하고 따뜻한 결을 갖게 됩니다. 그리고 그 결은 결국 '나만의 리듬'을 회복하는 길이 됩니다.

04
글쓰기,
마음의 루트가 되는 행위

**❝표현이 감정을 정화하고
삶을 조직하는 힘❞**

－글쓰기의 심리효과

마음을 정리하는 내면의 도구

우리는 매일 수많은 감정과 생각을 느끼고 떠올립니다. 하지만 그중 대부분은 마음속 어딘가를 스쳐 지나가고, 제대로 정리되지 못한 채 흩어지거나 쌓이게 됩니다. 그렇게 남겨진 감정의 파편들을 차분하게 바라보고 정리할 수 있도록 돕는 가장 효과적인 방법 중 하나가 '글쓰기'입니다.

글을 쓴다는 것은 내면의 소리를 바깥으로 꺼내어 언어라는 형태로 다시 나에게 들려주는 일입니다. 그래서 글쓰기는 감정을 구조화하는 도구라고 볼 수 있습니다. 심리학 연구에서는 감정을 인식하고 언어로 표현하는 것만으로도 스트레스가 줄어들고 심리적 통제감이 회복된다고 보고합니다. 이를 명명효과(labeling effect)라고 합니다. 감정을 정확하게 명명할 수 있을 때, 뇌의 감정 중추인 편도체의 반응이 줄어들고 자기조절 능력은 향상됩니다. 글쓰기는 이 과정을 더 구체화하고, 감정과 사고를 정리하며 스스로를 보다 객관적인 시선으로 바라보게 도와줍니다.

오늘 하루 당신의 마음에 남은 파편 하나를, 조용히 글로 꺼내어 보는 것만으로도 그 시작이 될 수 있습니다.

감정 정화와 서사화 효과

  정신분석학자 프로이트(Freud) 이후로 글쓰기는 감정 해소와 정화의 방식으로도 널리 활용되었습니다. 말로 표현되지 못했던 고통, 억눌린 감정들이 글이라는 통로를 통해 형태를 갖춘 이야기가 될 때, 감정의 무게는 줄어들고 한 걸음 떨어져 자신을 바라볼 수 있는 여유가 생깁니다. 이러한 심리 정화(catharsis)의 경험은 감정과의 관계를 회피가 아닌 통합의 방식으로 바꾸는 데 큰 역할을 합니다.

  심리학에서는 글쓰기의 또 다른 효과로 서사화(narrative coherence)를 강조합니다. 이 서사화는 우리가 겪은 경험들을 연결하고, 감정과 사건 사이의 인과를 정리하며 그 안에서 '어떤 의미가 있었는가'를 되묻는 과정입니다. 이러한 글쓰기는 마음이 복잡하고 혼란스러울 때 생각을 정리하게 도와주고, 흔들린 나 자신을 다시 세우는 힘이 됩니다. 심리학 연구에서는 글쓰기가 외상 후 성장(post-traumatic growth)을 촉진하는 중요한 방법이라고 알려져 있습니다. 갑작스러운 이별이나 병, 실패처럼 삶에 균열이 생겼을 때, 그 경험을 그냥 흘려 보내지 않고 글로 적어 보는 과정은 상처를 이해하고 새로운 의미를 발견하는 데 큰 힘이 됩니다. 그렇게 글쓰기는 회복과 성장을 위한 든든한 발판이 되어 줍니다.

  흔들리는 순간일수록 글쓰기를 통해 우리는 자신의 정체성과 삶의 방향성을 다시 붙잡을 수 있는 실마리를 발견하게 됩니다.

감정 명료화와 자기 이해의 확장

글을 쓰는 과정에서 우리는 무엇을 느꼈는지, 왜 그런 감정을 느꼈는지, 그 감정의 시작점이 어디였는지를 자연스럽게 따라가게 됩니다. 이러한 감정 명료화(emotional clarity)는 자기이해를 깊이 있게 확장시켜주는 계기가 됩니다. 심리학자 제임스 페니베이커(James Pennebaker)의 연구에 따르면, 감정을 담은 글쓰기는 심리적 안정뿐 아니라 면역력과 신체 건강에도 긍정적인 영향을 준다고 합니다(Pennebaker, 1997). 이는 억제된 감정을 건강한 방식으로 표현할 때 신체의 긴장도가 낮아지고 스트레스 반응도 줄어들기 때문입니다.

예를 들어, 하루 동안 마음속에 맴돌던 불안이나 서운함을 단지 참거나 잊으려 하기보다, 종이에 조용히 써 내려가 보는 것만으로도 감정이 조금씩 정리되고 가라앉는 경험을 해 본 적이 있을 겁니다.

글은 단순한 기록을 넘어, 내면의 감정을 밖으로 옮겨놓는 안전한 통로가 되어 줍니다. 그렇게 꺼내진 감정은 더 이상 나를 압도하지 않고, 오히려 나를 더 잘 이해하게 만드는 열쇠가 됩니다.

지금 이 순간의 나를 정리하는 기술

『66일, 마음 성장 기록』 안에서의 글쓰기는 길거나 유창할 필요가 없습니다. 오히려 가장 사적인 언어로, 감정을 솔직하게 꺼내어 보는 것이 더 효과적입니다. 한 문장일 수도 있고, 단어 몇 개일 수도 있습니다. 그러나 그 짧은 기록은 '그냥 하루를 보냈다'는 감각에서 '나는 오늘을 살아냈다'는 감각으로 전환해 줍니다.

쓰면 비로소 보이기 시작합니다. 감정은 쓰지 않으면 마음 어딘가에 구겨져 쌓이게 됩니다. 하지만 글로 표현되기 시작하면 그 감정은 이름을 갖게 되고, 그 이름은 다시 나를 인식할 수 있는 실마리가 됩니다.

감정을 알아차리고, 이름 붙이고, 구조화하는 이 일련의 과정은 결국 스스로를 돌보는 가장 정직한 습관이 됩니다.

글쓰기는 나를 고치는 도구가 아닙니다. 다만, 나를 정리하는 습관이 될 수는 있습니다. 그리고 그 습관은 당신의 일상을 천천히 변화시키는 작고 단단한 힘이 되어 줄 것입니다.

05
66일,
나를 다시 구성하는
시간

"반복과 자동화의 심리학"
−66일 습관의 힘

반복은 나를 바꾸는 가장 단순하고 강력한 방식

누구나 한 번쯤은 다짐해 본 적이 있습니다. 이번에는 꼭 해내겠다고, 이번엔 다를 거라고. 하지만 결심은 늘 오래가지 않았고, 되풀이된 것은 오히려 '포기하는 방식'이었던 경우도 많았을 것입니다. 그렇다면 문제는 의지력의 부족일까요? 사실은 그 반대입니다. 의지만으로 살아가기에는 인간의 뇌가 너무 피곤합니다. 그래서 심리학자들은 말합니다.

"습관은 의지보다 강하다."

습관은 반복 가능한 구조를 통해 의지를 덜어내는 방식입니다. 그리고 반복은 의도를 일상 속에 자리 잡게 만드는 가장 확실한 방법입니다.

뇌는 반복되는 행동을 자동화하려고 합니다. 인간의 뇌는 에너지를 효율적으로 사용하기 위해 자주 반복되는 행동을 '자동화'하려는 경향이 있습니다. 이를 심리학에서는 자동화 습관화(automaticity) 혹은 절차 기억(procedural memory)이라고 부릅니다.

하루의 대부분은 우리가 '의식적으로 선택한 행동'이 아니라, 익숙하기 때문에 반복하는 행동으로 이루어져 있습니다. 아침에 일어나는 시간, 걷는 방식, 말투, 감정 반응까지 ― 그 많은 것이 뇌 속에서 자동화되어 작동합니다. 따라서 '나'라는 존재는 결국 내가 반복하는 것들에 의해 구성되고 있다고 볼 수 있습니다.

습관은 정체성을 형성합니다

『66일, 마음 성장 기록』은 단순한 루틴 체크리스트가 아닙니다.

이 책은 '질문 → 감정 인식 → 기록 → 되돌아보기'의 구조로 구성되어 있습니다. 이 반복 흐름은 자신을 이해하고 변화시키는 데 중요한 심리적 과정을 촉진합니다. 이러한 반복을 따라가다 보면, 우리는 스스로에게 이렇게 말하게 됩니다.

"나는 감정을 돌아보는 사람이야."
"나는 나를 소중히 여겨."
"나는 나와 잘 지내는 중이야."

사람은 자신의 행동을 통해 스스로를 이해하는 경향이 있습니다. 이를 심리학에서는 자기지각이론(self-perception theory, Bem, 1972)이라고 부릅니다. 즉, 우리는 '내가 어떤 행동을 반복하고 있는지'를 관찰하면서 '나는 이런 사람이구나'라는 자아 정체성을 형성하게 됩니다. 이처럼 반복된 행동은 정체성을 강화하고, 강화된 정체성은 다시 행동을 이끌어 냅니다. 그 결과, 습관을 넘어 삶의 리듬 전체가 바뀌기 시작합니다.

왜 66일일까?

영국 유니버시티 칼리지 런던(UCL)의 연구에 따르면, 하나의 습관이 완전히 자동화되기까지는 평균 66일이 걸린다고 합니다(Lally et al., 2009). 이 수치는 단순히 '반복 횟수'가 아니라, 의미 있는 행동이 뇌에 깊이 각인되어 하루를 움직이는 기본 틀이 되기까지 필요한 시간입니다.

『66일, 마음 성장 기록』의 66일은 숫자를 채우는 것이 아니라, 의미 있는 리듬을 구축하는 심리적 기초공사 기간입니다. 66일간의 반복이 만들어 내는 효과는 단순한 행동의 변화에 그치지 않습니다.

심리학 연구에 따르면, 지속적인 습관 형성은 다음과 같은 효과로 이어집니다. 즉, 감정 조절 능력 향상, 스트레스 반응의 감소, 목표 지속력 증가, 자존감과 자기 효능감의 강화, 삶의 전반적인 만족도 향상으로 이어집니다. 이러한 변화는 모두 '아주 작고 반복 가능한 것'을 꾸준히 실천할 때 가능하다는 공통점을 가지고 있습니다.

『66일, 마음 성장 기록』은 매일 내게 묻습니다

　오늘 나를 웃게 했던 일은 무엇이었는지, 오늘 나는 나를 어떻게 돌보았는지. 그 질문들에 매일 조금씩 성실하게 답하다 보면, 그 반복은 어느새 하나의 습관이 되고, 그 습관은 '나를 중심에 두는 하루'를 만들어 줍니다.

　습관은 기적이 아닙니다. 그러나 기적은 늘 습관의 토대 위에서 만들어집니다. 그 기적은 조용하고 단단하게, 당신의 마음과 삶을 조금씩 바꾸어 나갈 것입니다.

Interlude
_지식에서 삶으로

욕구를 따라
나를 기록하는 법

우리는 앞선 장들을 통해 한 사람의 마음이 어떻게 자라고 단단해지는 지를 살펴보았습니다. 나무의 나이테처럼 켜켜이 쌓인 정체성, 삶을 지탱하는 다섯 가지 심리적 욕구, 감사, 글쓰기, 반복의 힘까지. 그 개념들은 결코 책 속에만 머무르지 않습니다. 이제부터는 그 내용을 직접 살아내는 시간이 시작됩니다.

우리가 매일 마주하는 평범한 하루는 사실, 내 욕구를 알아차릴 수 있는 가장 선명한 거울입니다. "오늘 내가 무엇을 느꼈지?", "지금 나는 무엇을 가장 필요로 하고 있을까?" 이 단순한 질문을 반복하는 일은 내 감정을 이해하고, 나를 돌보며, 궁극적으로 내가 누구인지 알아가는 실천이 됩니다.

다음 페이지부터는 매슬로의 욕구 위계 이론을 따라, 하루에 하나씩, 나에게 질문을 건넬 것입니다. 가장 기초적인 생리적 욕구에서부터 안전, 소속, 존중, 그리고 자기실현의 욕구에 이르기까지. 우리는 매일의 기록을 통해 조금씩 나의 중심을 되찾고, 나만의 뿌리를 만들어 갈 것입니다.

앞으로 66일은 지식을 쌓는 시간이 아니라, 나를 살아보는 실천의 시간입니다. 당신의 매일이 나를 더 잘 아는 연습으로 연결되길 바랍니다.

제2부
마음을 따라 자라는 나무

나무와 지문

"인간의 욕구 위계 이론"

나무와 지문

'나무'는 성장의 은유입니다.
뿌리는 생리적 · 안전 욕구를 품고,
줄기와 가지는 관계와 자존의 욕구로 뻗어 나가며,
잎과 열매는 자기실현을 향해 무성해집니다.

'지문'은 정체성의 상징입니다.
누구도 복제할 수 없는 고유함,
그리고 오롯이 나로서 살아가는 흔적.
우리가 살아가는 하루하루는 그 지문처럼 유일한 선을 그려 갑니다.

이 책에서 나무와 지문을 함께 담은 것은 바로
기본적인 욕구를 기반으로 나를 이해하고 성장하는 여정을 의미합
니다.

지금 이 순간, 당신이 어디에 뿌리 내리고 있는지,
어떤 방향으로 가지를 뻗어 가고 있는지,
어떤 색의 열매를 맺고 싶은지
『66일, 마음 성장 기록』을 통해 찬찬히 마주해 보시기를 바랍니다.

인간의 욕구 위계 이론
(Maslow's hierarchy of needs)

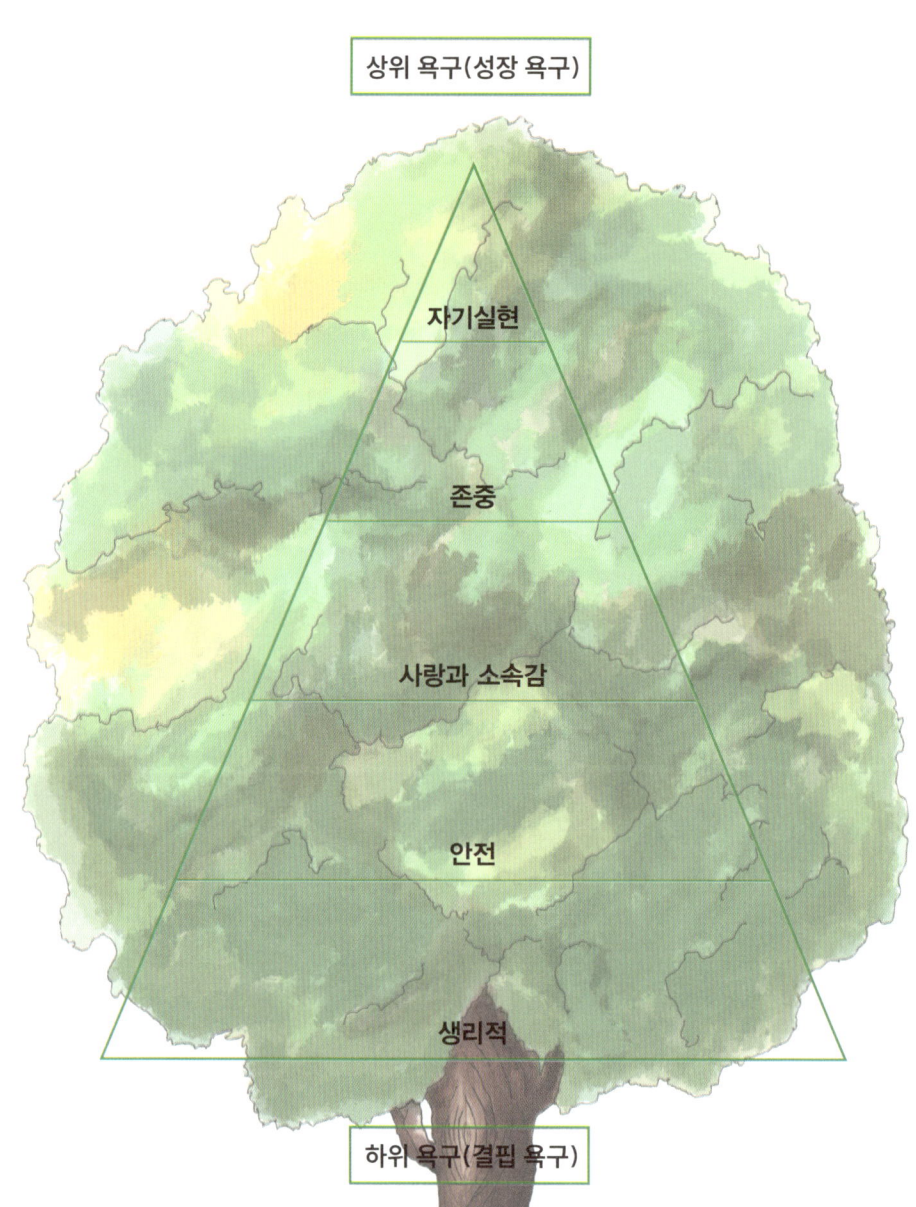

상위 욕구(성장 욕구)

자기실현

존중

사랑과 소속감

안전

생리적

하위 욕구(결핍 욕구)

1. 생리적 욕구(Physiological Needs)

배고픔, 갈증, 수면, 배설 등과 같이 생존을 위해 가장 먼저 충족되어야 하는 욕구예요. 우리 몸이 제대로 기능하고 건강을 유지하기 위해, 이 기본적인 욕구가 결핍되지 않도록 돌보는 것이 가장 중요합니다.

오늘 나의 몸은 충분히 돌봄을 받았나요?

2. 안전의 욕구(Safety Needs)

주거, 건강, 재정과 같은 영역에서 느끼는 '안전'은 우리가 마음 놓고 살아가기 위한 기반이 됩니다. 불안하지 않은 삶, 지속 가능한 일상, 내가 안심할 수 있는 환경을 우리는 늘 원하고 있어요.

요즘 나는 어떤 것에서 안전함을 느끼고 있나요?

3. 사랑과 소속감의 욕구(Love & Belonging Needs)

사랑하고 사랑받고 싶은 마음, 어딘가에 속해 있고 싶은 마음. 이런 마음은 인간이라면 누구나 자연스럽게 느끼는 사회적 욕구예요. 가족, 친구, 이웃, 동료와의 관계 속에서 우리는 정서적으로 연결되기를 바라고 있어요.

오늘 누군가와 따뜻하게 연결된 순간이 있었나요?

4. 존중의 욕구(Esteem Needs)

누군가에게 인정받고 싶고, 나 스스로를 가치 있는 존재로 느끼고 싶은 마음. 이 욕구는 자존감, 자기효능감, 성취욕과 깊이 연결되어 있어요. 내가 해낸 일에 스스로 자부심을 느낄 수 있을 때, 우리는 더 강해집니다.

오늘 나 자신을 대견하게 여겼던 순간이 있었나요?

5. 자기실현 욕구 (Self-Actualization Needs)

내가 가진 잠재력과 가능성을 최대한 펼쳐보고 싶은 욕구예요. 자기실현은 정답이 있는 것이 아니라, 나답게 살아가려는 모든 노력 그 자체를 의미합니다. 지금의 나는 어떤 모습으로 나를 실현해 나가고 있을까요?

오늘 나는 어떤 나다운 순간을 경험했나요?

66일간
욕구별 자가 질문 여정

Section 1.
생리적 욕구
(Physiological Needs)

루틴과 에너지,
몸을 돌보는 마음의 시작

🌙 수면/심리적·물리적 안전감

🍽 식사/규칙적 영양 섭취

🚽 물, 화장실/생명 유지의 기초

⚡ 에너지/기력과 컨디션

🧘 쉼/긴장 이완

"몸을 잘 돌보는 일은 마음을 돌보는 일의 시작입니다"

심리학에서는 '신체정서 연결(body-mind connection)'이라는 개념을
강조합니다.
몸이 피로하거나 수면이 부족하면 감정조절도 어려워지고,
반대로 몸이 안정되면 마음도 더 유연해집니다.
생리적 욕구는 단순한 생존 조건을 넘어
감정의 회복탄력성을 결정짓는 기초 자원이 됩니다.

따뜻한 물 한 잔, 규칙적인 식사, 편안한 잠자리는
단순하지만 강력한 '심리적 기반'입니다.
우리는 13일 동안 가장 기본적인 돌봄을 통해
나를 다시 중심에 놓는 연습을 하게 됩니다.

DAY 1

Date: Time:

🖐 오늘의 생리적 욕구

🌙 🍽 🚽 ⚡ 🧘

_____

_____

| 1 | 2 | 3 | 4 | 5 | 6 | 7 |

◁ 불만족   오늘의 만족도   만족 ▷

🖐 Daily checklist

☐

☐

☐

🖐 오늘의 일기

_____

_____

_____

_____

🖐 어제 수면의 양과 질은 어땠나요?

- -

- -

- -

🖐 오늘의 감사한 일 한 가지

DAY 2

Date:　　　　　　　Time:

🖐 오늘의 생리적 욕구

🌙 🍽 🚽 ⚡ 🧘

_____

_____

| 1 | 2 | 3 | 4 | 5 | 6 | 7 |

◁ 불만족　오늘의 만족도　만족 ▷

🖐 Daily checklist

☐

☐

☐

🖐 오늘의 일기

_____

_____

_____

_____

🖐 요즘 내 몸이 보내는 신호를 잘 들여다 보고 있나요?

- -

- -

- -

🖐 오늘의 감사한 일 한 가지

```
[                                              ]
[                                              ]
[                                              ]
[                                              ]
```

DAY 3

 오늘의 생리적 욕구　　　 Daily checklist

☐

_____

_____

☐

1	2	3	4	5	6	7

☐

◁ 불만족　오늘의 만족도　만족 ▷

 오늘의 일기

_____

_____

_____

_____

 최근 내가 나를 가장 잘 돌봐준 순간은 언제였나요?

- -

- -

- -

 오늘의 감사한 일 한 가지

DAY 4

오늘의 생리적 욕구

☾　🍽　🚽　⚡　🧘

_____

_____

1	2	3	4	5	6	7

◁ 불만족　오늘의 만족도　만족 ▷

Daily checklist

☐

☐

☐

오늘의 일기

_____

_____

_____

_____

오늘 하루 식사나 수분 섭취는 어땠나요?

- -

- -

- -

오늘의 감사한 일 한 가지

DAY 5

Date: Time:

🔖 오늘의 생리적 욕구

🌙 🍽 🚽 ⚡ 🧘

_____
_____

| 1 | 2 | 3 | 4 | 5 | 6 | 7 |

◁ 불만족   오늘의 만족도   만족 ▷

🔖 Daily checklist

☐

☐

☐

🔖 오늘의 일기

_____
_____
_____
_____

🔖 오늘 몸의 어떤 감각이 가장 인상 깊었나요?

- -
- -
- -

🔖 오늘의 감사한 일 한 가지

```
┌─────────────────────────────────────────┐
│                                           │
│                                           │
│                                           │
│                                           │
└─────────────────────────────────────────┘
```

DAY 6

🌿 오늘의 생리적 욕구

🌙 🍽 🚽 ⚡ 🧘

_____

_____

| 1 | 2 | 3 | 4 | 5 | 6 | 7 |

◁ 불만족   오늘의 만족도   만족 ▷

🌿 Daily checklist

☐

☐

☐

🌿 오늘의 일기

_____

_____

_____

_____

🌿 오늘 나의 에너지 수준은 어땠나요?

- -

- -

- -

🌿 오늘의 감사한 일 한 가지

DAY 7

🌿 오늘의 생리적 욕구

🌙 🍽 🚽 ⚡ 🧘

_____

_____

| 1 | 2 | 3 | 4 | 5 | 6 | 7 |

◁ 불만족　오늘의 만족도　만족 ▷

🌿 Daily checklist

☐

☐

☐

🌿 오늘의 일기

_____

_____

_____

_____

🌿 피로를 느낀 순간이 있었다면 언제였나요?

- -

- -

- -

🌿 오늘의 감사한 일 한 가지

```
┌─────────────────────────────────────┐
│                                     │
│                                     │
│                                     │
│                                     │
└─────────────────────────────────────┘
```

DAY 8

🔖 오늘의 생리적 욕구

🌙 🍽 🚽 ⚡ 🧘

_____

_____

| 1 | 2 | 3 | 4 | 5 | 6 | 7 |

◁ 불만족   오늘의 만족도   만족 ▷

🔖 Daily checklist

☐

☐

☐

🔖 오늘의 일기

_____

_____

_____

_____

🔖 하루 중 가장 편안했던 순간은 언제였나요?

- -

- -

- -

🔖 오늘의 감사한 일 한 가지

DAY 9

Date: Time:

🔖 오늘의 생리적 욕구

🌙 🍽 🚽 ⚡ 🧘

1 | 2 | 3 | 4 | 5 | 6 | 7

◁ 불만족   오늘의 만족도   만족 ▷

🔖 Daily checklist

☐

☐

☐

🔖 오늘의 일기

_____

_____

_____

_____

🔖 내가 좋아하는 향, 온도, 촉감은 무엇인가요?

- -

- -

- -

🔖 오늘의 감사한 일 한 가지

DAY 10

오늘의 생리적 욕구

Daily checklist

☐

☐

☐

| 1 | 2 | 3 | 4 | 5 | 6 | 7 |

◁ 불만족   오늘의 만족도   만족 ▷

오늘의 일기

_____

_____

_____

_____

오늘 나는 나의 생체 리듬을 존중했나요?

- -

- -

- -

오늘의 감사한 일 한 가지

DAY 11

🌿 오늘의 생리적 욕구

🌙 🍴 🚽 ⚡ 🧘

_____

_____

1	2	3	4	5	6	7

◁ 불만족　오늘의 만족도　만족 ▷

🌿 Daily checklist

☐

☐

☐

🌿 오늘의 일기

_____

_____

_____

_____

🌿 최근 나의 신체 상태를 점수화한다면 몇 점인가요?

- -

- -

- -

🌿 오늘의 감사한 일 한 가지

DAY 12

Date:　　　　　　　　Time:

🌿 오늘의 생리적 욕구

🌙 🍽 🚽 ⚡ 🧘

_____

_____

| 1 | 2 | 3 | 4 | 5 | 6 | 7 |

◁ 불만족　　오늘의 만족도　　만족 ▷

🌿 Daily checklist

☐

☐

☐

🌿 오늘의 일기

_____

_____

_____

_____

🌿 내 몸이 좋아하는 루틴이 있다면 무엇인가요?

- -

- -

- -

🌿 오늘의 감사한 일 한 가지

DAY 13

Date: Time:

🔅 오늘의 생리적 욕구

🌙 🍽 🚽 ⚡ 🧘

_____

_____

| 1 | 2 | 3 | 4 | 5 | 6 | 7 |

◁ 불만족   오늘의 만족도   만족 ▷

🔅 Daily checklist

☐

☐

☐

🔅 오늘의 일기

_____
_____
_____
_____

🔅 오늘 내가 몸에게 들려주고 싶은 말이 있다면?

- -
- -
- -

🔅 오늘의 감사한 일 한 가지

Reflection

생리적 욕구(Physiological Needs)

내 몸은 나의 집이다

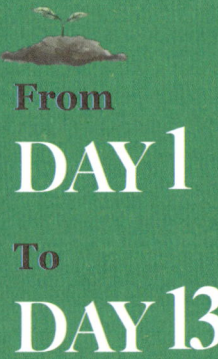

From
DAY 1

To
DAY 13

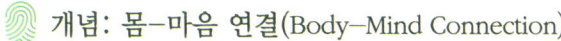 개념: 몸-마음 연결(Body–Mind Connection)

신체 상태는 감정과 인지 기능에 직결됩니다.

몸이 편안해야 마음도 안정되고, 감정조절 능력도 향상됩니다.

활동: '나의 리듬 트래커' 그리기

아침, 낮, 저녁 세 구간으로 나누어

하루 중 에너지가 가장 높은 시간과 가장 낮은 시간을 표시해 보세요.

내 몸이 보내는 피로/활력 신호를 간단히 적어 보고,

나에게 맞는 일상 루틴을 상상해 보세요.

"나는 오전 ○시에 가장 집중이 잘 된다." or "배가 고플 때 감정이 어떻게 바뀌는가?"

_____

_____

_____

_____

_____

_____

_____

Section 2.
안전의 욕구
(Safety Needs)

경계와 회복,
마음이 머무를 공간 만들기

보호/심리적·물리적 안전감

재정/실생활 안정

루틴/일관된 구조

방어기제/불안 회피, 회복

공간/안식처

"불확실한 시대일수록,
내가 나에게 안전한 사람이 되어야 합니다"

심리학에서 말하는 안전은

단지 물리적 공간이나 재정적 여유를 의미하지 않습니다.

예측 가능성과 통제감 같은 심리적 안정이 핵심입니다.

익숙한 루틴, 정돈된 공간, 하루의 일정 같은 요소는

생각보다 큰 심리적 자원이 됩니다.

삶이 흔들릴수록

나만의 질서와 리듬을 찾아 나를 보호할 수 있어야 합니다.

작고 단단한 습관은

때로 어떤 말보다 깊은 안정을 선물합니다.

DAY 14

Date:　　　　　Time:

🟢 오늘의 안전 욕구

🏠 💲 📋 🛡 🏡

_____

_____

| 1 | 2 | 3 | 4 | 5 | 6 | 7 |

◁ 불만족　　오늘의 만족도　　만족 ▷

🟢 Daily checklist

☐

☐

☐

🟢 오늘의 일기

_____

_____

_____

_____

🟢 요즘 나의 정서적 안정감은 어떤 편인가요?

- -

- -

- -

🟢 오늘의 감사한 일 한 가지

DAY 15

오늘의 안전 욕구

🖐 Daily checklist

1 | 2 | 3 | 4 | 5 | 6 | 7

◁ 불만족   오늘의 만족도   만족 ▷

☐

☐

☐

오늘의 일기

_____

_____

_____

_____

최근, 불안을 줄이기 위해 했던 작은 행동이 있다면?

- -

- -

- -

오늘의 감사한 일 한 가지

DAY 16

🔖 오늘의 안전 욕구　　　　🔖 Daily checklist

⬜

———————————　　⬜

———————————

| 1 | 2 | 3 | 4 | 5 | 6 | 7 |

◁ 불만족　오늘의 만족도　만족 ▷　⬜

🔖 오늘의 일기

———————————————————
———————————————————
———————————————————
———————————————————

🔖 '안심'이란 감정을 느꼈던 순간은 언제인가요?

- -
- -
- -

🔖 오늘의 감사한 일 한 가지

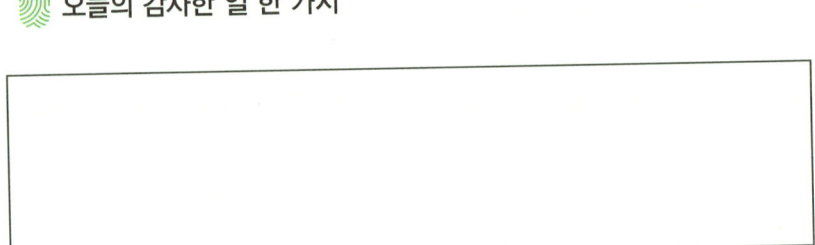

DAY 17

Date: Time:

👆 오늘의 안전 욕구

🏠 💲 📋 🛡 🏠

_____

_____

1	2	3	4	5	6	7

◁ 불만족   오늘의 만족도   만족 ▷

👆 Daily checklist

☐

☐

☐

👆 오늘의 일기

_____

_____

_____

_____

👆 오늘 나는 나에게 보호받고 있다고 느꼈나요?

- -

- -

- -

👆 오늘의 감사한 일 한 가지

DAY 18

🔲 오늘의 안전 욕구

🔲 Daily checklist

☐

_____

☐

| 1 | 2 | 3 | 4 | 5 | 6 | 7 |

◁ 불만족   오늘의 만족도   만족 ▷

☐

🔲 오늘의 일기

_____
_____
_____
_____

🔲 나는 어떤 공간에서 가장 평온해지나요?

- -
- -
- -

🔲 오늘의 감사한 일 한 가지

DAY 19

🔖 오늘의 안전 욕구

🏠 $ 📋 🛡 🏠

_____

_____

| 1 | 2 | 3 | 4 | 5 | 6 | 7 |

◁ 불만족   오늘의 만족도   만족 ▷

🔖 Daily checklist

☐

☐

☐

🔖 오늘의 일기

_____

_____

_____

_____

🔖 나를 불안하게 만든 요소에는 무엇이 있나요?

- -

- -

- -

🔖 오늘의 감사한 일 한 가지

DAY 20

Date:　　　　　Time:

오늘의 안전 욕구

🔒 **Daily checklist**

| 1 | 2 | 3 | 4 | 5 | 6 | 7 |

◁ 불만족　오늘의 만족도　만족 ▷

☐

☐

☐

오늘의 일기

_____

_____

_____

_____

내가 믿을 수 있는 사람은 누구인가요?

- -

- -

- -

오늘의 감사한 일 한 가지

DAY 21

🌿 오늘의 안전 욕구

🌿 Daily checklist

☐

☐

☐

| 1 | 2 | 3 | 4 | 5 | 6 | 7 |

◁ 불만족   오늘의 만족도   만족 ▷

🌿 오늘의 일기

_____

_____

_____

_____

🌿 불확실함을 받아들이는 나만의 방법은 무엇인가요?

- -

- -

- -

🌿 오늘의 감사한 일 한 가지

DAY 22

🔆 오늘의 안전 욕구

🏠 💲 📋 🛡 🏠

_____

_____

| 1 | 2 | 3 | 4 | 5 | 6 | 7 |

◁ 불만족　오늘의 만족도　만족 ▷

🔆 Daily checklist

☐

☐

☐

🔆 오늘의 일기

_____

_____

_____

_____

🔆 오늘 내가 마음을 놓을 수 있었던 순간은 언제였나요?

- -

- -

- -

🔆 오늘의 감사한 일 한 가지

| |
| |

DAY 23

🖐 오늘의 안전 욕구

🏛 ⓢ 📋 🛡 🏠

_____

_____

| 1 | 2 | 3 | 4 | 5 | 6 | 7 |
◁ 불만족   오늘의 만족도   만족 ▷

🖐 Daily checklist

☐

☐

☐

🖐 오늘의 일기

_____

_____

_____

_____

🖐 나를 안심시키는 나만의 루틴이 있나요?

- -

- -

- -

🖐 오늘의 감사한 일 한 가지

DAY 24

Date:　　　　　　　Time:

🌿 오늘의 안전 욕구

🏚 💲 📋 🛡 🏠

_____

_____

| 1 | 2 | 3 | 4 | 5 | 6 | 7 |

◁ 불만족　　오늘의 만족도　　만족 ▷

🌿 Daily checklist

☐

☐

☐

🌿 오늘의 일기

_____

_____

_____

_____

🌿 외부의 불안을 내 안으로 들이지 않으려면 나는 어떻게 해야 할까요?

- -

- -

- -

🌿 오늘의 감사한 일 한 가지

+-------------------------------------+
| |
| |
| |
| |
+-------------------------------------+

DAY 25

🔏 오늘의 안전 욕구

🔏 Daily checklist

☐

☐

☐

| 1 | 2 | 3 | 4 | 5 | 6 | 7 |

◁ 불만족　　오늘의 만족도　　만족 ▷

🔏 오늘의 일기

_____

_____

_____

_____

🔏 지금 나를 지탱해 주는 것은 무엇인가요?

- -

- -

- -

🔏 오늘의 감사한 일 한 가지

DAY 26

Date: Time:

🌿 오늘의 안전 욕구

🏳️ 💲 📋 🛡️ 🏠

_____

_____

| 1 | 2 | 3 | 4 | 5 | 6 | 7 |
◁ 불만족   오늘의 만족도   만족 ▷

🌿 Daily checklist

☐

☐

☐

🌿 오늘의 일기

_____
_____
_____
_____

🌿 나를 안심시켜 주는 말은 무엇일까요?

- -
- -
- -

🌿 오늘의 감사한 일 한 가지

Reflection

From
DAY 14

To
DAY 26

🌀 개념: 예측 가능성(Predictability)과 통제감(Control)

심리적 안전감은 '앞으로 어떻게 될지 짐작할 수 있는 상태'와
'내가 삶을 조절할 수 있다는 감각'에서 비롯됩니다.

🌀 활동: '나만의 안전 루틴' 설계도

하루 중 가장 안전감을 느끼는 시간대,
나만의 진정 루틴을 적고, 그 이유를 생각해 보세요.

☐ "저녁식사 시간, 핸드폰을 끄고 있는 10분이 내겐 휴식이었다."

R   내가 휴식하는 온전한 시간처럼 느껴져서

☐ _____

R _____

☐ _____

R _____

☐ _____

R _____

☐ _____

R _____

Section 3.
소속의 욕구
(Love & Belonging
Needs)

연결과 공감,
함께 존재하는 힘

 사람/공동체, 교류

 대화/소통과 공감

마음/정서적 연결

 부정적 감정(외로움 등)

 부정적 감정(화, 짜증 등)

"마음은 혼자서 완성되지 않습니다"

인간은 관계를 통해 정서적 균형을 유지합니다.

현대 심리학은 정서적 소속감(emotional sense of belonging)이

우울, 불안, 스트레스 조절에 핵심적인 역할을 한다고 설명합니다.

오늘날의 관계는 빠르게 연결되지만,

깊은 교류는 점점 어려워집니다.

진짜 관계란, 타인의 기대를 충족시키는 것이 아니라

서로를 안전하게 감싸는 감정의 교류입니다.

따뜻한 연결은 속도가 아니라 방향의 문제입니다.

때로는 조용히 곁을 내주는 한 사람이 가장 큰 지지가 됩니다.

DAY 27

Date: Time:

오늘의 소속 욕구

🤝 💬 ♡ ❄ 🔥

_____

_____

1	2	3	4	5	6	7

◁ 불만족   오늘의 만족도   만족 ▷

Daily checklist

☐

☐

☐

오늘의 일기

_____

_____

_____

_____

오늘 내가 가장 가깝게 느낀 사람은 누구인가요?

- -

- -

- -

오늘의 감사한 일 한 가지

DAY 28

오늘의 소속 욕구

🤜 💬 ♡ ❄ 🔥

_____

_____

| 1 | 2 | 3 | 4 | 5 | 6 | 7 |

◁ 불만족　오늘의 만족도　만족 ▷

오늘의 일기

_____

_____

_____

_____

내 감정을 누군가에게 털어놓은 순간이 있었나요?

- -

- -

- -

오늘의 감사한 일 한 가지

Daily checklist

☐

☐

☐

DAY 29

🖐 오늘의 소속 욕구

🤝 💬 🤍 ❄️ 🔥

_____

_____

1	2	3	4	5	6	7

◁ 불만족   오늘의 만족도   만족 ▷

🖐 Daily checklist

☐

☐

☐

🖐 오늘의 일기

_____

_____

_____

_____

🖐 나를 지지해 주는 사람은 누구인가요?

- -

- -

- -

🖐 오늘의 감사한 일 한 가지

DAY 30

🖐 오늘의 소속 욕구

🤜 💬 ♡ ❄ 🔥

_____

_____

| 1 | 2 | 3 | 4 | 5 | 6 | 7 |

◁ 불만족　오늘의 만족도　만족 ▷

🖐 Daily checklist

☐

☐

☐

🖐 오늘의 일기

_____

_____

_____

_____

🖐 누군가를 위로하거나 공감했던 장면을 떠올린다면?

- -

- -

- -

🖐 오늘의 감사한 일 한 가지

DAY 31

Date: Time:

🫆 오늘의 소속 욕구

🤜 💬 ♡ ❄ 🔥

_____

_____

1	2	3	4	5	6	7

◁ 불만족   오늘의 만족도   만족 ▷

🫆 Daily checklist

☐

☐

☐

🫆 오늘의 일기

_____

_____

_____

_____

🫆 내가 '속해 있다'고 느낀 순간은 언제인가요?

- -

- -

- -

🫆 오늘의 감사한 일 한 가지

DAY 32

Date: Time:

오늘의 소속 욕구

✊ 💬 ♡ ❄ 🔥

_____

_____

| 1 | 2 | 3 | 4 | 5 | 6 | 7 |

◁ 불만족 오늘의 만족도 만족 ▷

Daily checklist

☐

☐

☐

오늘의 일기

_____

_____

_____

_____

관계 속에서 내가 진짜 나였던 시간은 언제였나요?

- -

- -

- -

오늘의 감사한 일 한 가지

DAY 33

 오늘의 소속 욕구

  ♡ ❄

_____

_____

| 1 | 2 | 3 | 4 | 5 | 6 | 7 |

◁ 불만족 　오늘의 만족도 　만족 ▷

 Daily checklist

☐

☐

☐

 오늘의 일기

_____

_____

_____

_____

 타인의 말이 내 마음에 오래 남았던 장면이 있나요?

- -

- -

- -

 오늘의 감사한 일 한 가지

DAY 34

Date: Time:

🔖 오늘의 소속 욕구

🤜 💬 ♡ ❄ 🔥

_____

_____

1	2	3	4	5	6	7

◁ 불만족   오늘의 만족도   만족 ▷

🔖 Daily checklist

☐

☐

☐

🔖 오늘의 일기

_____

_____

_____

_____

🔖 나의 외로움은 어떤 모습으로 다가오나요?

- -

- -

- -

🔖 오늘의 감사한 일 한 가지

DAY 35

Date:　　　　　Time:

🔏 오늘의 소속 욕구

🤜 💬 ♡ ❄ 🔥

_____

_____

| 1 | 2 | 3 | 4 | 5 | 6 | 7 |

◁ 불만족　오늘의 만족도　만족 ▷

🔏 오늘의 일기

_____

_____

_____

_____

🔏 내가 가장 듣고 싶었던 말은 무엇인가요?

🔏 오늘의 감사한 일 한 가지

Daily checklist

☐

☐

☐

DAY 36

Date:　　　　　　Time:

🔏 오늘의 소속 욕구

🤝 💬 🤍 ❄️ 🔥

_____

_____

| 1 | 2 | 3 | 4 | 5 | 6 | 7 |

◁ 불만족　오늘의 만족도　만족 ▷

🔏 Daily checklist

☐

☐

☐

🔏 오늘의 일기

_____

_____

_____

_____

🔏 최근 나의 인간관계에서 느낀 감정이 있다면 무엇인가요?

- -

- -

- -

🔏 오늘의 감사한 일 한 가지

DAY 37

🖐 오늘의 소속 욕구

🤜 💬 ♡ ❄ 🔥

_____

_____

| 1 | 2 | 3 | 4 | 5 | 6 | 7 |

◁ 불만족　오늘의 만족도　만족 ▷

🖐 Daily checklist

☐

☐

☐

🖐 오늘의 일기

_____

_____

_____

_____

🖐 요즘 내가 마음을 나누고 싶은 사람은 누구인가요?

- -

- -

- -

🖐 오늘의 감사한 일 한 가지

DAY 38

🌿 오늘의 소속 욕구

🤜 💬 ♡ ❄ 🔥

_____

_____

| 1 | 2 | 3 | 4 | 5 | 6 | 7 |

◁ 불만족　오늘의 만족도　만족 ▷

🌿 Daily checklist

☐

☐

☐

🌿 오늘의 일기

_____

_____

_____

_____

🌿 나는 관계 안에서 주로 어떤 역할을 하나요?

- -

- -

- -

🌿 오늘의 감사한 일 한 가지

DAY 39

오늘의 소속 욕구

🤜 💬 ♡ ❄ 🔥

_____

_____

| 1 | 2 | 3 | 4 | 5 | 6 | 7 |

◁ 불만족   오늘의 만족도   만족 ▷

Daily checklist

☐

☐

☐

오늘의 일기

_____

_____

_____

_____

나는 나 자신과 얼마나 연결되어 있나요?

- -

- -

- -

오늘의 감사한 일 한 가지

Reflection

Section 3.
소속의 욕구(Love & Belonging Needs)

함께 있음의 온도

From
DAY 27

To
DAY 39

개념: 사회적 지지(Social Support)

정서적 소속감은 스트레스와 우울감을 낮추는 심리적 완충작용을
합니다. 단순한 관계의 수보다 '정서적 교류의 질'이 중요합니다.

활동: '관계 정원' 그리기

내 정원에 의미 있는 사람들을 꽃으로 표현해 보세요.
그리고 그 사람과의 관계에서 느낀 감정이나 지지를
꽃잎에 적어 보세요.

"이 사람은 내 이야기를 진심으로 들어주는 사람"
"나는 이 사람 앞에서 편안해진다."

Section 4.
존중 욕구
(Esteem Needs)

인정과 자존,
나의 목소리를 듣는 시간

🏆 성취/외적 인정

♕ 자존감/내면적 자부심

◎ 목표/점진적 성장

☆ 스포트라이트/드러남과 칭찬

👥 자율성/내 의지로 결정함

"나에게 가장 먼저 고개를 끄덕여 주는 사람이 되세요"

존중의 욕구는

외부의 칭찬보다도, 스스로를 바라보는 태도에서 시작됩니다.

자기효능감(self-efficacy)과 자기존중(self-esteem)은

내가 나에게 어떤 말을 건네고,

어떤 기준으로 평가하는가에 따라 달라집니다.

자신에게 존중받지 못하는 사람은

타인의 인정에 쉽게 흔들리지만, 자신을 존중할 줄 아는 사람은

흔들리는 순간에도 중심을 잃지 않습니다.

내가 나에게 보내는 시선이

결국 내가 어떤 존재로 살아갈지를 결정짓습니다.

그리고 그 시선이 쌓여,

나의 자존을 단단하게 만들어 갑니다.

DAY 40

Date:　　　　　　Time:

 오늘의 존중 욕구

🏆 👑 🎯 ☆ 🧑‍💼

1	2	3	4	5	6	7

◁ 불만족　오늘의 만족도　만족 ▷

 Daily checklist

☐

☐

☐

 오늘의 일기

_____
_____
_____
_____

 오늘 나는 나의 감정을 있는 그대로 존중했나요?

- -
- -
- -

🌿 오늘의 감사한 일 한 가지

┌───┐
│   │
│   │
│   │
└───┘

DAY 41

🖐 오늘의 존중 욕구

🏆 👑 🎯 ☆ 🧑‍💼

_____

_____

1	2	3	4	5	6	7

◁ 불만족   오늘의 만족도   만족 ▷

🖐 Daily checklist

☐

☐

☐

🖐 오늘의 일기

_____

_____

_____

_____

🖐 최근 스스로가 자랑스러웠던 순간은 언제인가요?

- -

- -

- -

🖐 오늘의 감사한 일 한 가지

DAY 42

🔖 오늘의 존중 욕구

🏆 👑 🎯 ☆ 🧑‍🤝

_____

_____

1	2	3	4	5	6	7

◁ 불만족　오늘의 만족도　만족 ▷

🔖 Daily checklist

☐

☐

☐

🔖 오늘의 일기

_____

_____

_____

_____

🔖 남의 시선을 의식하지 않고 한 행동이 있었나요?

- -

- -

- -

🔖 오늘의 감사한 일 한 가지

+---+
| |
| |
| |
| |
+---+

DAY 43

🖐 오늘의 존중 욕구

🏆 👑 🎯 ☆ 🧑

_____

_____

1	2	3	4	5	6	7

◁ 불만족　오늘의 만족도　만족 ▷

🖐 Daily checklist

☐

☐

☐

🖐 오늘의 일기

_____
_____
_____
_____

🖐 나의 장점을 드러낸 순간은 언제였나요?

- -
- -
- -

🖐 오늘의 감사한 일 한 가지

DAY 44

🌿 오늘의 존중 욕구

🏆 👑 🎯 ☆ 👥

_____

_____

1	2	3	4	5	6	7

◁ 불만족   오늘의 만족도   만족 ▷

🌿 Daily checklist

☐

☐

☐

🌿 오늘의 일기

_____

_____

_____

_____

🌿 나는 어떤 방식으로 나를 칭찬하나요?

- -

- -

- -

🌿 오늘의 감사한 일 한 가지

DAY 45

🔖 오늘의 존중 욕구

🏆 👑 🎯 ☆ 👨‍💼

_____

_____

| 1 | 2 | 3 | 4 | 5 | 6 | 7 |
◁ 불만족　오늘의 만족도　만족 ▷

🔖 Daily checklist

☐

☐

☐

🔖 오늘의 일기

_____
_____
_____
_____

🔖 최근 나를 과소평가한 부분이 있었나요?

🔖 오늘의 감사한 일 한 가지

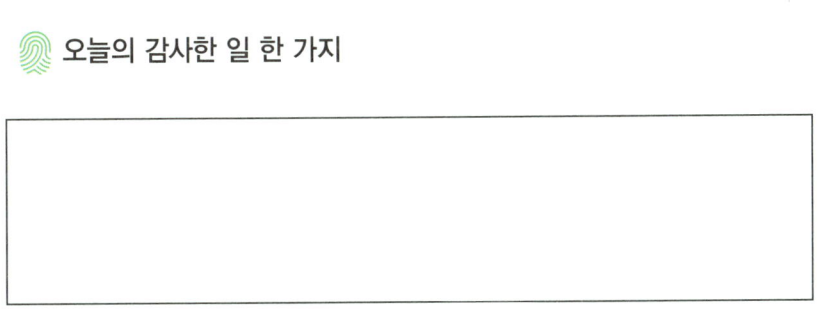

DAY 46

🌿 오늘의 존중 욕구

🏆　👑　🎯　☆　🧑‍🔧

_____

_____

| 1 | 2 | 3 | 4 | 5 | 6 | 7 |

◁ 불만족　오늘의 만족도　만족 ▷

🌿 오늘의 일기

_____

_____

_____

_____

🌿 나는 어떤 순간에 스스로를 폄하하나요?

- -

- -

- -

🌿 오늘의 감사한 일 한 가지

🌿 Daily checklist

☐

☐

☐

DAY 47

🔎 오늘의 존중 욕구

🏆 👑 🎯 ☆ 👤

_____

_____

| 1 | 2 | 3 | 4 | 5 | 6 | 7 |

◁ 불만족   오늘의 만족도   만족 ▷

🔎 Daily checklist

☐

☐

☐

🔎 오늘의 일기

_____

_____

_____

_____

🔎 자랑스럽게 말할 수 있는 최근 나의 모습은 무엇인가요?

- -

- -

- -

🔎 오늘의 감사한 일 한 가지

DAY 48

🖐 오늘의 존중 욕구

🏆 👑 🎯 ☆ 👤

_____
_____

| 1 | 2 | 3 | 4 | 5 | 6 | 7 |

◁ 불만족   오늘의 만족도   만족 ▷

🖐 Daily checklist

☐

☐

☐

🖐 오늘의 일기

_____
_____
_____
_____

🖐 타인과 나를 비교했을 때 느낀 감정은 무엇인가요?

- -
- -
- -

🖐 오늘의 감사한 일 한 가지

DAY 49

🔎 오늘의 존중 욕구

🏆　👑　🎯　☆　🧑‍💼

_____

_____

| 1 | 2 | 3 | 4 | 5 | 6 | 7 |

◁ 불만족　오늘의 만족도　만족 ▷

🔎 Daily checklist

☐

☐

☐

🔎 오늘의 일기

_____
_____
_____
_____

🔎 내 안의 단단함은 어떤 모습인가요?

- -
- -
- -

🔎 오늘의 감사한 일 한 가지

DAY 50

Date: Time:

🖐 오늘의 존중 욕구

🏆 👑 🎯 ☆ 👤⚙️

_____

| 1 | 2 | 3 | 4 | 5 | 6 | 7 |

◁ 불만족   오늘의 만족도   만족 ▷

🖐 Daily checklist

☐

☐

☐

🖐 오늘의 일기

_____
_____
_____
_____

🖐 내가 나를 위해 내린 결정은 무엇인가요?

- -
- -
- -

🖐 오늘의 감사한 일 한 가지

DAY 51

🔖 오늘의 존중 욕구

🏆 👑 🎯 ☆ 👤

| 1 | 2 | 3 | 4 | 5 | 6 | 7 |

◁ 불만족   오늘의 만족도   만족 ▷

🔖 Daily checklist

☐

☐

☐

🔖 오늘의 일기

_____

_____

_____

_____

🔖 나는 나의 실수를 어떻게 대하고 있나요?

- -

- -

- -

🔖 오늘의 감사한 일 한 가지

DAY 52

Date:　　　　　Time:

🌿 오늘의 존중 욕구

🏆 👑 🎯 ☆ 👤

_____

_____

| 1 | 2 | 3 | 4 | 5 | 6 | 7 |

◁ 불만족　오늘의 만족도　만족 ▷

🌿 Daily checklist

☐

☐

☐

🌿 오늘의 일기

_____

_____

_____

_____

🌿 나는 나 자신을 존중하는 편인가요?

- -

- -

- -

🌿 오늘의 감사한 일 한 가지

```



```

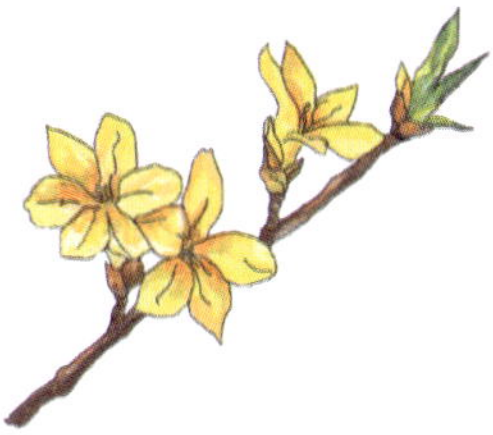

Reflection

스스로에게 박수 보내기

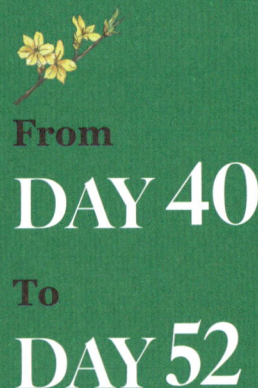

From
DAY 40
To
DAY 52

🌿 개념: 자기효능감(Self-efficacy)

자신이 특정한 일을 해낼 수 있다는 믿음은
자기 존중감과 연결되며, 도전 앞에서의 회복력을 키워 줍니다.

🌿 활동: 'I Did It 리스트' 작성

지난 2주간, 작지만 스스로 해낸 일 5가지를 적어 보세요.
내가 어떤 감정으로 그 일을 해냈는지 짧은 문장으로 덧붙입니다.

☐ "그날 운동하기 싫었지만 결국 나갔다. 나는 꾸준한 사람이기도 하다."
♡ 후회하기 싫은 마음 & 운동을 하고 난 뒤의 뿌듯함

☐ _____
♡ _____

☐ _____
♡ _____

☐ _____
♡ _____

☐ _____
♡ _____

Section 5.
자기실현의 욕구
(Self–Actualization
  Needs)

가능성과 의미,
나의 방향을 세우는 힘

 성장/내면적 확장과 발달

 도전/자신을 초월하는 경험

 몰입/완전한 집중의 순간

 창조/자아 표현과 창의성

 비전/나아가는 방향과 의미

"진짜 나답게 사는 삶, 그게 바로 자기실현입니다"

자기실현은 성취의 정점이 아니라
'자기 자신이 되는 과정'입니다.
심리학자 칼 로저스(Carl Rogers)는
"자기실현은 자기 자신이 되는 용기"라고 말했습니다(Rogers, 1961).

그 용기는 스스로의 가능성을 탐색하고,
나다움을 실험하는 일상에서 길러집니다.
삶의 방향을 타인의 기대가 아닌
나의 진심에서 찾을 수 있을 때,
우리는 비로소 더 진해지는 정체성을 만들어 갑니다.

DAY 53

오늘의 자기실현 욕구

🌱 ⛰️ 🧠 💡 🔭

_____
_____

| 1 | 2 | 3 | 4 | 5 | 6 | 7 |

◁ 불만족　오늘의 만족도　만족 ▷

Daily checklist

☐

☐

☐

오늘의 일기

_____
_____
_____
_____

내가 가장 몰입했던 일은 무엇이었나요?

- -
- -
- -

오늘의 감사한 일 한 가지

122

DAY 54

🔖 오늘의 자기실현 욕구

🌱 ⛰️ 🧠 💡 🔭

_____

_____

| 1 | 2 | 3 | 4 | 5 | 6 | 7 |

◁ 불만족   오늘의 만족도   만족 ▷

🔖 Daily checklist

☐

☐

☐

🔖 오늘의 일기

_____

_____

_____

_____

🔖 최근 내가 의미를 느낀 순간이 있었나요?

🔖 오늘의 감사한 일 한 가지

DAY 55

Date: Time:

🌿 오늘의 자기실현 욕구

🌱 ⛰️ 🧠 💡 🔭

_____

_____

| 1 | 2 | 3 | 4 | 5 | 6 | 7 |
◁ 불만족   오늘의 만족도   만족 ▷

🌿 Daily checklist

☐

☐

☐

🌿 오늘의 일기

_____

_____

_____

_____

🌿 나는 무엇을 통해 살아 있음을 느끼나요?

- -

- -

- -

🌿 오늘의 감사한 일 한 가지

DAY 56

Date: Time:

🌿 오늘의 자기실현 욕구

🌱 🏔 🧠 💡 🔭

_____

_____

1	2	3	4	5	6	7

◁ 불만족   오늘의 만족도   만족 ▷

🌿 Daily checklist

☐

☐

☐

🌿 오늘의 일기

_____

_____

_____

_____

🌿 나는 어떤 삶을 지향하고 있나요?

- -

- -

- -

🌿 오늘의 감사한 일 한 가지

DAY 57

Date: Time:

🔖 오늘의 자기실현 욕구

🔖 Daily checklist

☐

☐

☐

| 1 | 2 | 3 | 4 | 5 | 6 | 7 |

◁ 불만족   오늘의 만족도   만족 ▷

🔖 오늘의 일기

_____

_____

_____

_____

🔖 내가 가장 몰입하는 활동은 무엇인가요?

- -

- -

- -

🔖 오늘의 감사한 일 한 가지

DAY 58

오늘의 자기실현 욕구

🌱 🏔 🧠 💡 🔭

_____

_____

1	2	3	4	5	6	7

◁ 불만족   오늘의 만족도   만족 ▷

Daily checklist

☐

☐

☐

오늘의 일기

_____

_____

_____

_____

내가 가장 자유로웠던 순간은 언제인가요?

- -

- -

- -

오늘의 감사한 일 한 가지

DAY 59

Date: Time:

🌿 오늘의 자기실현 욕구

🌱 ⛰️ 🧠 💡 🔭

_____
_____

1	2	3	4	5	6	7

◁ 불만족   오늘의 만족도   만족 ▷

🌿 Daily checklist

☐

☐

☐

🌿 오늘의 일기

_____
_____
_____
_____

🌿 나답게 사는 것의 의미는 무엇인가요?

🌿 오늘의 감사한 일 한 가지

DAY 60

🌿 오늘의 자기실현 욕구

🌱 🏔️ 🧠 💡 🔭

_____

_____

| 1 | 2 | 3 | 4 | 5 | 6 | 7 |

◁ 불만족　오늘의 만족도　만족 ▷

🌿 Daily checklist

☐

☐

☐

🌿 오늘의 일기

_____

_____

_____

_____

🌿 앞으로 내가 꿈꾸는 나는 어떤 모습인가요?

🌿 오늘의 감사한 일 한 가지

DAY 61

오늘의 자기실현 욕구

🌱 ⛰ 🧠 💡 🔭

_____

_____

| 1 | 2 | 3 | 4 | 5 | 6 | 7 |

◁ 불만족　오늘의 만족도　만족 ▷

Daily checklist

☐

☐

☐

오늘의 일기

_____
_____
_____
_____

나는 어떤 방향으로 성장하고 있나요?

- -
- -
- -

오늘의 감사한 일 한 가지

DAY 62

🌿 오늘의 자기실현 욕구

🌱 ⛰️ 🧠 💡 🔭

_____

_____

| 1 | 2 | 3 | 4 | 5 | 6 | 7 |

◁ 불만족   오늘의 만족도   만족 ▷

🌿 Daily checklist

☐

☐

☐

🌿 오늘의 일기

_____
_____
_____
_____

🌿 어떤 모습으로 사람들에게 기억되고 싶은가요?

- -
- -
- -

🌿 오늘의 감사한 일 한 가지

DAY 63

🔎 오늘의 자기실현 욕구

🌱　⛰️　🧠　💡　🔭

_____
_____

| 1 | 2 | 3 | 4 | 5 | 6 | 7 |

◁ 불만족　오늘의 만족도　만족 ▷

🔎 Daily checklist

☐

☐

☐

🔎 오늘의 일기

_____
_____
_____
_____

🔎 나의 삶을 스스로 설계하고 있다고 느낀 순간은 언제인가요?

- -
- -
- -

🔎 오늘의 감사한 일 한 가지

DAY 64

🔖 오늘의 자기실현 욕구

🌱 ⛰ 🧠 💡 🔭

_____

_____

| 1 | 2 | 3 | 4 | 5 | 6 | 7 |

◁ 불만족　　오늘의 만족도　　만족 ▷

🔖 Daily checklist

☐

☐

☐

🔖 오늘의 일기

_____
_____
_____
_____

🔖 나의 삶에 있어 가장 중요한 가치는 무엇인가요?

- -
- -
- -

🔖 오늘의 감사한 일 한 가지

DAY 65

오늘의 자기실현 욕구

🌱 🏔 🧠 💡 🔭

_____

_____

| 1 | 2 | 3 | 4 | 5 | 6 | 7 |

◁ 불만족　오늘의 만족도　만족 ▷

Daily checklist

☐

☐

☐

오늘의 일기

_____

_____

_____

_____

지금의 내가 과거의 나에게 해 주고 싶은 말은 무엇인가요?

- -

- -

- -

오늘의 감사한 일 한 가지

Reflection

나다움이 드러나는 순간

From

DAY 53

To

DAY 65

🌀 개념: 몰입(Flow)과 자기확장(Self-expansion)

자기실현은 목표 성취가 아니라,
'진짜 나다운 순간을 인식하고 확장해 나가는 과정'입니다.

우리가 몰입했던 활동, 시간 가는 줄 몰랐던 경험,
감정이 또렷해졌던 순간 속에 '나다움'이 숨어 있습니다.

🌀 활동: '몰입의 단서' 컬렉션 만들기

지난 2주간 나를 몰입하게 만든 순간, 시간이 빠르게 지나간 경험,
'이건 나에게 맞는다'고 느낀 활동을
자유롭게 적거나 아이콘으로 표현해 보세요.
각 경험 옆에 감정을 하나씩 붙여서 정리해 봅니다.

☐ 영화감상 🎬 _____   ☐ 🎬 _____
♡ 즐거움 _____   ♡ _____

☐ 🎬 _____   ☐ 🎬 _____
♡ _____   ♡ _____

66일차 _성장 리플렉션

나는
어떤 나무로
자라왔는가?

🌱 **Day66: 66일 여정의 끝에서**

지금까지 나의 욕구를 돌아보고,
변화된 나를 인식하고, 현재의 나를 바라보아요.

_____

🌱 **이번 여정에서 내가 가장 떠올린 생각은 무엇이었나요?**

(내면의 자동적 사고와 반복되는 감정의 흐름을 파악해 보아요.)

_____

_____

_____

🌱 **이번 여정에서 내가 가장 떠올린 생각은 무엇이었나요?**

(나의 감정이나 가치관, 태도, 행동 등에서 변화된 지점을 찾아보아요.)

_____

_____

_____

🌱 **이번 여정에서 내가 가장 떠올린 생각은 무엇이었나요?**

(현재 내 삶을 이끄는 기준을 다시 정립해 보아요.)

_____

_____

_____

지문은 당신만의 고유한 흔적입니다

🔖 지금 이 순간, 앞으로 내가 되고 싶은 나의 모습을
단어와 한 문장으로 새겨 보세요.
이 선언은 당신만의 흔적이 되어,
삶 속에 천천히 스며들 것입니다.

나는 _____ 한 사람으로 자라가고 있습니다.

🔖 앞으로 내 모습은 어떤 단어들로 설명할 수 있을까?
내가 되고 싶은 '나'를 표현하는 단어를 적어 보세요.
그 단어들은 당신이 닮아가고 싶은 삶의 가치입니다.

(키워드 예시: 단단한, 균형잡힌, 따뜻한, 연결감, 자유로운 등)

나의 성장 나무 - 다섯 가지 욕구와 함께 자라기

내가 선언한 '그런 사람'으로 살아가기 위해

매슬로의 다섯 가지 욕구에 따라

내가 보살피고 싶은 삶의 요소들을 채워 보세요.

나무를 따라 아래에서 위로 차례로 채워 봅니다.

자기실현의 욕구

존중의 욕구

소속의 욕구

안전의 욕구

생리적 욕구

"나의 성장 나무는 매일의 작은 선택들로 자라 갑니다."

책을 덮으며

마음을 심는 시간
—『66일, 마음 성장 기록: 매일 조금씩 마음은 자란다』

어느새 66일이 흘렀습니다.
매일 나를 마주하고, 질문하고, 기록해 온 이 여정을 잘 걸어오셨어요.
모든 날이 매끄럽진 않았을 겁니다.
쓰다 만 페이지도 있었을테고, 그냥 넘기고 싶은 순간도 있었겠죠.

그런데도 여기, 지금 이 페이지를 열고 있는 당신은
이미 많은 것을 해낸 사람입니다.
이 책은 심리학에서 출발했지만,
그 모든 이론은 결국 당신의 일상과 감정,
반복되는 하루 속에 닿기 위해 존재했습니다.

우리는 종종 "나는 왜 이렇게 흔들릴까",
"왜 이토록 무기력할까",
"내가 정말 원하는 삶은 무엇일까?" 하는 질문 앞에 서곤 합니다.
이 책은 이런 질문에 이론으로 답하지 않고,
매일 단 하나의 작은 실천으로 안내하고자 했습니다.
심리학은 당신 안에서 작동하고 있었습니다.

『66일, 마음 성장 기록』은 단순한 기록장이 아니었습니다.
당신은 이 여정에서 생리적 욕구부터 자기실현에 이르기까지,
다섯 겹의 마음을 하나하나 들여다보셨을 것입니다.

66일 동안 당신은 매슬로의 욕구 위계에 따라
자신의 생리적 리듬을 관찰하고, 안전에 대한 감각을 회복하며,
관계와 연결 속의 감정을 성찰하고, 자존감을 스스로 다독이고,
마침내 자기실현을 향한 여정을 시작했습니다.

그 과정은 지식의 암기가 아니라, 자기이해의 구조화였고,
정보의 수집이 아니라, 내면의 토대를 만드는 과정이었습니다.
그것은 곧, 나를 하나의 나무로 바라보며
어떻게 뿌리 내리고, 어디로 자라고 싶은지 가꾸는 시간이었습니다.
그리고 동시에 나를 알아보고 돌보는
가장 기본적인 연습이기도 했습니다.

매일 달랐던 생각과 감정, 그리고 조용히 써 내려간 문장들은
당신이라는 사람의 정체성을 조금씩 또렷하게 만들어 준 흔적입니다.

나를 알아가는 과정은 나를 돌보는 과정이기도 합니다.
삶이란, 때로는 잎이 지기도 하고,
뿌리가 흔들리기도 하며, 열매는 기다림 끝에 맺힙니다.
그렇기에 우리는 나에게 조금 더 솔직해지고,
조금 더 너그러워지며,

스스로와 가까워지는 연습을 해야 하는 것 같습니다.

당신은 이 여정을 통해
앞으로 어떤 사람으로 성장하고 싶은지 그려 보았고,
그 모습을 위해 지금 무엇이 필요한지도 돌아봤을 것입니다.
아마 이 기록이 완벽하진 않았을지도 모릅니다.
하지만 완벽할 필요는 없습니다.
당신이 남긴 문장과 마음은
스스로를 돌보고 이해하려 했던 귀한 흔적이기 때문입니다.

앞으로 삶에서 또다시 흔들리는 순간이 찾아온다면,
그때 이 책의 첫 장을 다시 펼쳐 보세요.
다시 나를 찬찬히 돌보며,
그 자리에서부터 천천히 시작해 보면 됩니다.

"잘 오셨습니다. 잘 해 나가실 겁니다."

이은빈 드림

참고문헌

Algoe, S. B. (2012). Find, remind, and bind: The functions of gratitude in everyday relationships. *Social and Personality Psychology Compass, 6*(6), 455–469.

Bem, D. J. (1972). Self–perception theory. In L. Berkowitz (Ed.), *Advances in experimental social psychology* (Vol. 6, pp. 1–62). Academic Press.

Emmons, R. A., & McCullough, M. E. (2003). Counting blessings versus burdens: An experimental investigation of gratitude and subjective well–being in daily life. *Journal of Personality and Social Psychology, 84*(2), 377–389.

Erikson, E. H. (1968). Identity: Youth and crisis. W. W. Norton.

Lally, P., van Jaarsveld, C. H. M., Potts, H. W. W., & Wardle, J. (2009). How are habits formed: Modelling habit formation in the real world. *European Journal of Social Psychology, 40*(6), 998–1009.

Maslow, A. H. (1943). A theory of human motivation. *Psychological Review, 50*(4), 370–396.

McAdams, D. P. (1993). *The stories we live by: Personal myths and the making of the self*. Guilford Press.

Pennebaker, J. W. (1997). Writing about emotional experiences as a therapeutic process. *Psychological Science, 8*(3), 162–166.

Rogers, C. R. (1961). *On becoming a person: A therapist's view of psychotherapy*. Houghton Mifflin.

Seligman, M. E. P. (2011). *Flourish: A visionary new understanding of happiness and well–being*. Free Press.

저자 소개

이은빈(Lee Eunbin)

한국항공대학교 인문자연학부 조교수이자 새내기성공센터 부센
터장으로 재직 중이다. 고려대학교에서 심리학 박사학위를 받았
고, 상지대학교 조교수 및 진로·인성교육센터장으로 4년간 재
직하며 자기이해와 마음건강을 중심으로 한 심리교육 프로그램
들을 기획·운영하였다. 주관적 웰빙과 성격 특성 분야의 연구를
수행해 SSCI·KCI 등재지에 다수의 논문을 발표했으며, 현재 한
국광고PR실학회 연구이사로 활동 중이다. 최근에는 심리학 기반
저술로 학문과 일상의 접점을 넓히고 있다. 저서로 『AI 시대의 광
고PR: 고등학생과 대학 신입생을 위한 진로 가이드』이 있다.

이메일: binlee427@kau.ac.kr

66일, 마음 성장 기록

매일 조금씩 마음은 자란다

66 Days of MIndful Growth

2026년 1월 15일 1판 1쇄 인쇄
2026년 1월 20일 1판 1쇄 발행

지은이 • 이은빈
펴낸이 • 김진환
펴낸곳 • ㈜ 학지사

04031 서울특별시 마포구 양화로 15길 20 마인드월드빌딩
대표전화 • 02)330-5114   팩스 • 02)324-2345
등록번호 • 제313-2023-000041호

홈페이지 • http://www.hakjisa.co.kr
인스타그램 • https://www.instagram.com/hakjisabook

ISBN 978-89-997-3593-6 03180

정가 15,000원

출판미디어기업 학지사

간호보건의학출판 **학지사메디컬** www.hakjisamd.co.kr
심리검사연구소 **인싸이트** www.inpsyt.co.kr
학술논문서비스 **뉴논문** www.newnonmun.com
교육연수원 **카운피아** www.counpia.com
대학교재전자책플랫폼 **캠퍼스북** www.campusbook.co.kr